ALPHABET-BIJOU.

1

Ouvrages nouveaux :

Alphabet des commençants, in-16, orné de vig., br. rogné, 1 fr. colorié, 1 fr. 50
— **des quatre saisons,** avec 16 grav. sur acier, fig. noires, 3 fr. colorié, 4 fr.
Abécédaire joujou pour les petits garçons, in-16, fig. noires, 2 fr. col. 2 fr. 50
    id   petites filles,   id.   id.   id.
Album des enfants bien obéissants,   in-16,   id.   3 fr.   4 fr.
    id.   récréatif,   id.   id.   id.
Buffon des petits enfants, in-18, cart. figures noires,   2 fr. col. 2 fr. 50
Le petit Poucet, illustré par un grand nombre de belles gravures, in-16 grand format, en bande déployée avec fig. noires, 2 fr. col. 3 fr. Le même ouvrage en album *avec texte* et gravures en bois par Porret, cart. fig. noires, 3 fr. col. 4 fr.
Le petit Chaperon rouge, même format, même prix.
Le Chat botté,   id.   id.
La petite Cendrillon,   id.   id.
Le Napoléon des écoles, in-12, avec grav. cart. fig. noires, 2 fr. col. 2 fr. 50
L'Arithméticien des écoles, suivi du petit Teneur de livres, in-18.   1 fr. 25

L'ALPHABET-BIJOU

AVEC DES LETTRES ORNÉES D'ENFANTS,

ILLUSTRÉES PAR PORRET,

ET DE JOLIS PETITS CONTES ANALOGUES.

PARIS,

Bibliothèque d'éducation, chez DÉSIRÉ EYMERY, quai Voltaire, 15

1842

Corbeil, imprimerie de Crété.

A IL TEND a

l'ar – ba –lè - te.

ARBALÈTE.

ARBALÈTE

C'est une sorte d'arme de trait, dont l'arc d'acier est monté sur un fût et qui se bande avec un ressort. — La corde en est ordinairement en boyau. — Avant l'invention de la poudre à canon, et même encore depuis, on se servait beaucoup de cette arme, qui était fort meurtrière; les traits qu'on lançait avec l'*arbalète* ou l'*arc,* autre arme du même genre, portaient très-loin.— Il y avait autrefois, dans les armées, parmi les hommes de guerre, des compagnies d'arbalétriers à pied et à cheval.   Aujourd'hui, il y a seulement des compagnies à pied, mais qui ne sont organisées que pour le plaisir. — C'est surtout en Flandre qu'on en voit encore. — Les marchands de joujoux vendent des arbalètes pour les enfants. — Ceux-ci, quelquefois, s'en servent dans leurs jeux d'une façon maladroite, et il peut en résulter des accidents. — Le mieux est de ne pas jouer avec ces espèces de joujoux.

B
b

IL JOUE AVEC UN

bil – bo –

quet.

BILBOQUET.

BILBOQUET

Sorte de jouet en bois ou en ivoire, formé d'un petit bâton tourné, dont un bout est pointu et l'autre terminé par une espèce de petite coupe; et auquel est suspendue, par une cordelette, une boule percée d'un trou. — On met cette boule en mouvement, de manière qu'elle retombe et reste dans la coupe ou qu'elle entre et se fixe dans le bout pointu; ce qui est plus difficile et montre l'adresse du joueur.

Le petit Émile passait pour un joueur de bilboquet

intrépide. Il y était fort adroit; mais au lieu d'y con-
sacrer ses moments de loisir, sans nuire à ses devoirs,
il prenait souvent le temps qu'il devait à ses leçons
pour jouer au bilboquet. Qu'arriva-t-il? C'est que le
joueur Émile n'avait jamais de bons points et que le
maître lui dit un jour, qu'au lieu de la croix d'hon-
neur, qui est la marque distinctive de l'application et
du savoir, il lui donnerait un *bilboquet,* comme marque de sa paresse.

C ILS SAU-TENT A LA C

cor-  de.

CORDE.

CORDE

La corde est un tortis fait ordinairement de chanvre, et quelquefois de coton ou assemblage de laine, de soie, d'écorce d'arbre , de poil, de crin, de jonc , et d'autres matières pliantes et flexibles. — On s'en sert à toutes sortes d'usages. — On en fait aussi des cordelettes de fils de boyau pour des instruments de musique : les violons, les basses, les harpes, etc. — On en fabrique également de gros câbles pour la marine.— Les enfants *sautent* à la corde avec celles que

l'on apprête avec le chanvre et qui sont d'une médiocre
grosseur.—J'ai vu un jour, au jardin des Tuileries, la
petite Emmeline qui jouait à la corde avec une ardeur
si constante qu'elle passa deux heures dans cet exercice, sans songer *à goûter*. Sa figure mutine s'était
couverte de sueur. — Sa bonne avait beau crier : —
Mademoiselle, modérez votre jeu ; vous vous fatiguez,
et cela vous fera du mal. — Ah! bien oui, répondait
la petite espiègle ; me fatiguer : je ferais dix mille tours
de corde comme cela sans me lasser.

D COM—ME ILS **d**

dan-  sent.

DANSE.

DANSE-DANSER

C'est se mouvoir en cadence et à pas mesurés, ordinairement au son de la voix ou de quelque instrument. — Il y a des danseurs de plusieurs espèces : des danseurs de ballets, ceux de l'Opéra, par exemple; des danseurs sur la corde, ceux des Funambules. — Il y a des professeurs de danse. — On voit souvent, aux Tuileries, des enfants qui sont en récréation se réunir, et danser ensemble. — Cet exercice annonce la joie et le bonheur et procure un délassement utile à la santé, lorsqu'il n'est pas poussé à l'excès. Mais plusieurs petites filles et petits garçons ont tant de plaisir à se secouer, en sautant, dans toutes les directions, appelant cela *danser,* que le soir il y en a qui sont si las, lorsqu'ils rentrent de la promenade, qu'ils n'ont pas la force de se déshabiller pour se mettre au lit, et le lendemain ils sont encore tellement fatigués qu'ils ne peuvent rien faire. — Voilà comme l'excès en tout est ennemi du bien.

E IL L'EX-CI-TE EN e

le frap-  pant.

EXCITER.

EXCITER

Voici des enfants qui s'excitent, se provoquent, et finissent par se battre, ce qui est très-mal. — Un enfant bien élevé se tient tranquille. — Un jour le petit Charles se mit à exciter un chien qu'il ne connaissait pas. — Il lui prenait tantôt une oreille, tantôt le poil, et les tirait; une autre fois il s'attaquait à ses pattes. —L'animal était doux de sa nature. Mais enfin il s'impatienta d'être ainsi tourmenté, et finit par mordre l'enfant au bout du nez, où il lui vint une grosseur qui ressemblait à une vilaine pomme de terre. — En le voyant, on disait — Charles a excité un chien, et le chien l'a mordu : voilà ce que c'est d'être turbulent. S'il fût demeuré tranquille, il n'aurait pas au nez cette grosseur qui lui fait bien mal et le rend si laid ; car le chien ne lui aurait pas sauté au visage pour lui attraper le nez, et peut-être lui fourrer une de ses pattes dans l'œil.

F ILS CHER-CHENT f

des fleurs.

FLEURS.

FLEURS

Voyez-vous ces trois enfants? — L'un cueille des fleurs dans un champ, tandis que les autres s'amusent à rassembler de mauvaises herbes et à les brûler.

Les fleurs, à la campagne, sont ce qu'il y a de plus joli; elles reposent au printemps sur la terre comme sur un beau tapis qu'elles nuancent de mille couleurs. — Dans les jardins, on les voit arrangées avec ordre dans de belles plates-bandes ou dans des vases d'où elles exhalent les plus suaves odeurs. — C'est comme la réputation d'un enfant. — Lorsqu'il a une bonne conduite et travaille d'une façon utile pour ses devoirs, sa réputation se répand au loin, et tout le monde parle de lui avec éloge. — Lorsqu'un enfant est sage, appliqué, obéissant, on chante partout ses louanges, et cette renommée l'embellit et le fait aimer généralement.

G

g

ga-  mins.

GAMINS.

LES GAMINS

C'est un mot populaire, qui ne s'emploie qu'avec mépris envers les petits garçons qui passent leur temps à jouer et à polissonner dans les rues ou ailleurs.— J'en ai connu deux qui, au lieu d'aller à l'école de leur village, s'étaient amusés un jour à tendre une corde d'un saule à un autre, au-dessus d'un petit ruisseau fangeux. — Tandis que l'un traînait ses pieds dans l'eau, l'autre se pendait à la corde, qui finit par se casser : il tomba, se fit une grosse bosse au front, et tous les

2

deux revinrent en pleurant chez leurs parents, dans
un état piteux et sales comme des caniches qui auraient
arpenté toutes les rues de Paris par un temps de pluie.
— Aussi, ils furent battus, punis et mis au pain sec et
à l'eau pendant huit jours, puis ils se corrigèrent.

H LES VOI-LA AVEC LES **h**

han-ne- tons.

HANNETONS.

HANNETONS

Le hanneton est un insecte d'un rouge-brun, gros comme le bout du petit doigt. Il paraît au printemps, ronge les feuilles des arbres, et fait les délices des enfants, qui les aiment beaucoup pour les faire voler.— C'est là un de leurs passe-temps les plus chéris.— Les uns les tiennent attachés par un fil; d'autres, au bout d'un papier passé dans un bâton, afin de leur faire faire la roue. — On dit d'un enfant qui n'est pas assez soigneux et qui oublie ce qu'on lui recommande, qu'*il est étourdi comme un hanneton*. Il y a des enfants du peuple et des paysans, à la campagne, surtout dans les environs de Paris, qui font entre eux le commerce des hannetons. — Le prix courant est de dix pour un sou. C'est une denrée à bon marché, on peut s'en régaler.

I   VOY–EZ–VOUS LES   i

i-ma-  ges.

IMAGES.

LES IMAGES

Les images sont des feuilles de papier imprimées d'un côté seulement et représentant des sujets divers de peinture ou de composition. — On appelle images tout ce qui représente des objets morts ou vivants, et principalement des scènes animées par une action quelconque. — Voyez-vous ces deux enfants comme ils sont occupés après les images qu'on leur a données pour les amuser? Ce sont des scènes de batailles, les victoires de l'empereur Napoléon et de ses valeureux soldats. — L'action d'un enfant généreux qui partage son déjeuner avec un petit mendiant qui a plus faim que lui; car, sans son secours, il tombait à ses pieds d'inanition. — C'est le naufrage de la Méduse et le radeau qui porte 150 marins luttant contre le vent, les flots et le besoin. — Une estampe du fameux Callot, représentant une noce flamande, d'après le célèbre Téniers. — Les enfants dévorent des yeux tous ces sujets et ne peuvent se séparer des images, quoiqu'on les appelle pour le dîner.

J

j

LES PE—TITS

jar-di-

JARDINIERS.

niers.

JARDINIER

Un jardinier est celui dont le métier consiste à tra-
vailler au jardin, à y cultiver les fruits pour les vendre
à son compte ou à celui du maître au service duquel il
se trouve. — Nous avons ici deux petits jardiniers qni
s'amusent dans le coin de terre qu'on leur a donné
pour passer le temps de leurs récréations. — Chacun
d'eux s'applique à y faire venir ce qu'il aime le mieux.
—Victor a du goût pour les fleurs; l'autre, pour les lé-
gumes.—L'un bêche, tandis que son camarade, qui est

soigneux, a ramassé les mauvaises herbes et les trans-
porte avec sa brouette au fond du jardin; là il y a un
trou réservé au fumier, qui sert d'engrais à la terre.—
Le petit Victor y verse les mauvaises herbes et jette
par dessus de l'eau de la cuisine pour en amener la
dissolution plus vite, car il a besoin de fumier pour
hâter la levée des petits pois qu'il a l'intention de faire
venir dans son jardin.

K　　　ĸA–BAC–TUS　　　**k**

le sa–　　　　　　vant

POLICHINELLE.

KABACTUS

C'était un savant polichinelle qui connaissait toutes les espiègleries des enfants. — A celui-là, il disait : — M. Prosper, quand on vous donne une tartine de confiture pour porter à votre petit frère, avant de la lui remettre vous tournez le dos, et passez votre langue avec délices sur toute la surface de la tartine, et ne la donnez à votre frère que lorsque vous en avez *léché* la meilleure partie, ce qui n'est pas bien.— A l'autre : — On vous avait donné deux pommes : l'une était destinée à votre sœur, et l'autre était pour vous.—Avant de remettre celle qui ne vous appartenait pas, vous avez examiné les deux fruits , et jugé à propos de garder la plus grosse et la plus fraîche. Mais qu'est-il arrivé? Le bon Dieu vous a puni; car dans la vôtre il s'est trouvé un gros ver; et Louise a croqué la bonne, ce qu'elle a exécuté avec un grand plaisir.— Fi! que c'est laid d'être égoïste!

L

LA LAN-TER-NE

l

ma-gi-

que.

LANTERNE MAGIQUE.

LANTERNE-MAGIQUE

Instrument d'optique qui, au moyen de lentilles et de verres peints, fait voir différents objets sur une toile ou sur une muraille blanche. — Vous remarquez ici plusieurs enfants qui voient passer tous les tableaux qui font partie de cette lanterne-magique. — D'abord c'est une belle vue du Palais-Royal, avec tous ses promeneurs dans le jardin et sous les galeries ou arcades : prenez-y garde, ils admirent avec des yeux d'envie tout ce qui est étalé dans de riches montres.

D'un côté, c'est le restaurateur Véfour, montrant aux gens affamés et gourmands un beau pâté de foie gras de Strasbourg, des volailles truffées, une hure de sanglier, un magnifique homard, près duquel sont placés des fruits succulents. Plus loin apparaît un superbe magasin de bijoux. L'or, l'argent étincellent de toutes parts avec les diamants aux nuances si variées; semblables à mille feux ; on ne peut les regarder, tant ils sont éblouissants de clarté.— Oh ! que c'est beau, disent les enfants, en voyant ces merveilles. — Oh maman, dit l'un d'eux, je voudrais bien qu'on me les donnât !

M LES MAN—GEURS **m**

et le mar-  mi-ton.

MARMITON.

LE MARMITON

Les voyez-vous, les gourmands , qui se font servir un bon dîner , sans prendre la peine de s'informer s'il n'y a pas quelque malheureux qui meurt de faim? — C'est là notre défaut. Quand nous avons rempli notre estomac de bonnes choses, nous sommes contents, et ne pensons point à cette foule d'infortunés qui seraient trop heureux, comme le Lazare de la parabole du Mauvais Riche, de se nourrir des miettes qui tomberaient de notre table.—Le marmiton qui les

sert est un aide de cuisine qui a fait depuis son che-
min; le fameux Carême, le cuisinier par excellence.
Mes petits amis, si vous avez le nécessaire, remerciez-
en la Providence et vos parents, qui sont les dispensa-
teurs éclairés de ses dons. — Mangez à votre appétit,
mais n'allez pas au delà; et tâchez de distraire quelque
chose de ce que l'on vous donne; réservez-le pour le
pauvre vieillard ou l'enfant infirme qui ne peuvent tra-
vailler, faites-leur part de votre superflu avec bonté,
sans chercher à vous en glorifier; car celui qui donne
est plus heureux encore que celui qui reçoit.

N   ILS VONT A LA   n

na-ta-  ti-on.

LA NATATION.

LA NATATION

C'est l'art de nager. Il y a des maîtres de natation qui enseignent à se soutenir sur l'eau, s'y mouvoir et se transporter d'un lieu à un autre. — Le cygne, ce bel animal qui se promène sur l'eau avec un air gracieux, en balançant son cou blanc comme la neige, a donné probablement à nos pères la première idée de la navigation. Vous avez pu remarquer que ses pattes agissent dans l'eau comme le feraient deux avirons.

La natation est utile à la santé. — En se baignant

l'été dans des endroits peu profonds, on s'exerce le corps; les membres, fatigués par l'exercice de nager, reçoivent un développement salutaire, utile. — Les enfants, toutefois, ne doivent jamais se hasarder seuls. Les rivières, les étangs, offrent souvent des trous profonds, et il y aurait beaucoup de danger à s'aller baigner sans être accompagné de quelqu'un. — Le mieux est de s'exercer dans les écoles de natation, où les surveillants sont obligés d'avoir l'œil partout. Il est rare qu'il y arrive des accidents, même aux imprudents.

O   ILS S'A-MU-SENT   O

au jeu      de l'oie.

JEU DE L'OIE.

JEU DE L'OIE

Le jeu de l'oie consiste à jouer avec deux dés sur un carton où il y a des figures d'oie placées dans un certain ordre. — Ce jeu est fort ancien et amuse beaucoup les petits enfants, qui s'y disputent souvent. — J'ai connu deux frères, Paul et Joseph, qui y avaient tellement pris goût, qu'ils y passaient la meilleure partie de leur temps. — Or, voici ce qui arriva un jour : Le papa, qui les croyait à l'école, les surprit dans cette occupation futile, au lieu d'être à étudier chez leur maî-

3

tre. — Après leur avoir tiré fortement les oreilles, il prit le carton et le serra, condamna mes joueurs au pain sec et à l'eau, et les envoya au maître, qui les mit de son côté en pénitence au milieu de la classe avec chacun une plume d'oie non taillée à l'oreille, comme signe de leur faute. — Les enfants, bien honteux, pleurèrent, demandèrent pardon, promirent de ne jouer au jeu d'oie que dans leurs moments de récréation, et lorsque papa ou maman le permettrait. — La leçon porta, en effet, ses fruits, et le jeu d'oie ne reparut que bien longtemps après.

P   LES PE-TITS   **p**

pa-ti-  neurs.

LES PATINEURS.

PATINEUR

Celui qui glisse sur la glace avec des patins. Le patin est une sorte de soulier sous lequel on a fixé un fer d'une ou deux lignes d'épaisseur qui va jusqu'au bout du pied en se recourbant. — Les patineurs se montrent partout sur la glace, l'hiver, dans les pays froids. — Il y en a qui font des voyages en patinant. — En Russie, en Norwège, en Laponie, en Hollande, et généralement dans les pays du Nord, il n'est pas rare de voir, pendant la saison des froids, des hommes et des femmes qui se rendent au marché en patinant, por-

tant sur la tête des corbeilles remplies de denrées,
ou d'autres fardeaux, et parcourir, malgré cette charge,
plus de vingt lieues en un jour. — On voit aussi, pendant cette saison et dans les mêmes pays, beaucoup
de traîneaux, conduits par des animaux qu'on appelle
rennes, et qui ressemblent un peu aux cerfs de nos con-
trées, parcourir des distances immenses, allant avec une
vitesse extrême.

Q LE JEU DE **q**

quil-  les.

LES QUILLES.

LES QUILLES

Ce jeu se compose de neuf morceaux de bois arrondis et de la hauteur d'à peu près un pied. — On les place ordinairement trois à trois , que l'on abat ensuite à une certaine distance avec une boule aussi de bois. — Ce jeu est en grand usage surtout à la campagne, où les petits garçons, comme les gens raisonnables, ne manquent pas de s'y livrer le dimanche. Il y avait deux petits garçons appelés *Jacques* et *François,* qui, après la messe, rassemblaient leurs camarades et plan-

taient leurs quilles sur la place du village.—C'était un
grand plaisir : chacun ajustait de son mieux ; et, cha-
que fois que la boule abattait des quilles, les éclats d'une
joie bruyante partaient de toutes parts, et on criait :
Attention ! Souvent celui qui mettait le plus de temps
à ajuster, passait entre les quilles sans en abattre une,
et les rires redoublaient.

R   RON—DE   r

ron-  de.

RONDE.

RONDE

Il n'est pas un de vous qui n'ait rencontré au jardin des Tuileries, ou à celui du Luxembourg, des groupes d'enfants dansant en rond, surveillés par leurs mamans ou leurs bonnes? Cette danse est fort amusante. — A voir ces enfants, joyeux, satisfaits, tous réunis, quoique étrangers les uns aux autres, on les croirait de la même famille, tant le plaisir rapproche les enfants et les hommes. — C'est ordinairement une chanson qu'une personne chante seule, et dont le re-

frain, en forme d'accompagnement, est répété par
tous en dansant. — Quand la chanson est finie, le
groupe de danseurs, composé de petits garçons et de
petites filles, se divise; chacun va de son côté, l'un pour
reprendre sa légère brouette et opérer des chargements
de sable, l'autre pour jouer à la corde; celle-ci fait une
course avec sa poupée, dont elle se dit la petite maman.
— Ces folâtres enfants, réunis comme un essaim, se
poursuivent, s'attrapent, se battent, s'embrassent,
et surtout mangent des gâteaux.

S   LES JEU–NES   S

sol–  dats.

SOLDATS.

SOLDATS

Voyez-vous ces petits soldats avec leurs lances de bois et leurs bonnets de papier?... A leur air martial, ne les prendrait-on pas pour les défenseurs de la patrie?... Oh! que non, pas encore. — C'est un amusement qu'ils ont imaginé; ils jouent aux soldats comme ils joueraient aux billes. — L'un d'eux s'est élu commandant. Ils ont vu faire l'exercice aux véritables soldats, et veulent les imiter. Un soldat est un homme que la loi rend conscrit à vingt ans et oblige à passer dans un régiment. — Un soldat fait partie de l'armée, qui se compose de beaucoup d'hommes réunis sous les drapeaux. — C'est un bel état que celui de soldat, puisqu'il est appelé, par sa conduite et son courage, à veiller à la conservation et au salut de ce qu'il a de plus cher, de ses parents, de ses amis, de ses compatriotes, et à assurer le bonheur domestique et public de son pays.

T
t

ILS FONT AL-LER

leur tou-

pie.

LA TOUPIE.

TOUPIE

La toupie est une sorte de jouet de bois fait en forme de poire, qu'on enveloppe d'une corde tournée en spirale, et au moyen de laquelle, lorsqu'on l'en dégage en la jetant à terre, elle tourne sur une pointe de fer placée à son extrémité. — Il y a une espèce de toupie percée d'un côté, qui fait du bruit en tournant. — Les petits joueurs que nous voyons ici sont deux cousins. — Ils préfèrent le jeu de leur toupie à la lecture de leurs livres.—Il y a temps pour tout, ne cesse de

dire leur maman. — Étudiez d'abord, puis vous jouerez
après. — Ces mauvais enfants ne tiennent pas compte
de ces avertissements donnés avec tant de bonté. —
Qu'arrivera-t-il de cette désobéissance? Si la récréation passe avant le travail, celui-ci ne sera plus qu'une
peine, tandis qu'il doit toujours être fait avec plaisir.
— Celui qui néglige de s'instruire devient un ignorant
et est méprisé. — Soyez au contraire instruit, honnête
et bon, tout le monde vous aimera.

U   RE-GAR-DEZ, VOI-CI   U

l'um-  ble.

UN JOLI POISSON.

L'UMBLE

On prononce *omble*. — C'est un joli poisson qui tient beaucoup de la truite, mais qui n'en a pas les grandes dents.

Un jour deux enfants, Jules et Victor, en attrapèrent une dans un ruisseau. — Depuis, ils crurent qu'ils n'avaient qu'à se baisser pour en prendre d'autres. — On les voyait presque tous les jours à ce ruisseau, chercher avec efforts sans pouvoir rien atteindre ; aussi faisaient-ils le contraire de ce qu'il fallait pour surprendre les umbles. — Au lieu d'être tranquilles en tendant une ligne volante, de se tenir à l'écart et posés, semblables à des canards, ils troublaient le ruisseau et effrayaient le poisson, qui fuyait au lieu de s'approcher. — Comme le hasard leur avait livré l'*umble*, ils s'imaginèrent en prendre une tous les jours. Il n'en fut pas ainsi. — En toute chose il faut certainement de la persévérance, souvent de la présence d'esprit, mais surtout de la résignation.

V ILS ÉTU-DIENT LEUR V

vio- lon.

VIOLON.

VIOLON

Le violon est un instrument de musique à quatre cordes, et dont on joue avec un archet. — Nous avons de jeunes artistes qui se font remarquer sur cet instrument. — Tels sont Vieuxtemps, les sœurs Milanollo, artistes vraiment extraordinaires pour leur âge. — Ces deux sœurs-enfants ont fait, à Bruges, l'admiration de tous les amateurs. — *Bériot, Lafont*, se faisaient déjà remarquer, dans leur enfance, sur cet instrument. — Les sons doux, variés, brillants, qui résonnaient sur les cordes harmonieuses de leur violon, enchantaient tous les spectateurs. — Le fameux *Paganini,* le prince, le roi de cet instrument, qui a gagné des millions à se faire applaudir, avait acquis un talent si merveilleux, qu'il est resté au-dessus de toute imagination.—Après avoir imité plusieurs instruments avec une suavité, un fini d'expression ravissants, il imitait la voix humaine, créait lui seul, et avec son violon, tout un chœur d'opéra. —On voit que, par le travail et l'assiduité, l'homme peut acquérir les plus grands talents.

X   CE-CI EST   **X**

Xa-vi-  er le

MAIN DU ROI.

XAVIER

Ce pauvre petit Xavier était un nain du roi de Pologne *Stanislas*. Il avait été apporté à Varsovie de la Laponie. — Pour le contrarier, on lui mettait quelquefois sur la tête un large chapeau rond qui lui couvrait la figure, et un habit dont les parements lui allaient jusqu'à terre, tandis que les basques et les manches l'enveloppaient comme s'il eût été dans un sac. — Le roi ayant un jour surpris ses pages dans cette occupation, se mit fort en colère, et reprocha avec raison aux jeunes

4

étourdis de se moquer du malheureux, qui avait bien
assez des disgraces de la nature sans cette nouvelle
vexation : servir de jouet à la cour du roi était déjà
trop pénible, pour qu'on s'étudiât à le tourmenter
encore. — D'abord, il n'est ni humain ni généreux
de s'amuser aux dépens des infirmes. — Il est si bien,
au contraire, de chercher à adoucir les maux de ses
semblables et de les consoler dans la disgrace!... Enfants, profitez de la leçon ; soyez bons, et tout le monde
vous louera au lieu de vous blâmer.

Y   LA POU-PÉE DE   y

Y-o-  lan-de.

YOLANDE ET SA POUPÉE.

YOLANDE

Yolande était une charmante enfant qui, du matin au soir, s'amusait à la poupée avec sa bonne amie *Nana*. — Chacune d'elles possédait la sienne. — Un petit ménage étendu sur le tapis servait en commun. L'une avait sa poupée malade ; Yolande, assise dans sa chaise basse, lui parlait, lui demandait où elle souffrait, et si une bonne soupe à la purée, qu'elle lui ferait, pourrait la soulager. — Nana, qui tenait par la main *sa fille*, s'empressait aussi et offrait ses services. — Alors s'établis-

sait une conversation animée sur des riens qui amusait beaucoup les deux amies; et le temps s'écoulait
ainsi jusqu'au goûter, que la maman arrivait et emme-
nait ses enfants pour les conduire à la promenade du
jardin.

Z　　　LA PE–TI–TE　　　**Z**

Zo-

é.

ZOÉ LA BARBOUILLÉE,

ZOÉ

Zoé n'avait que trois ans. — On l'appelait ordinairement la Barbouillée, parce que, malgré la serviette qu'on lui attachait sous le menton quand elle mangeait, Zoé le faisait si gloutonnement, qu'il en restait toujours des traces autour de sa bouche, à son menton et sur une grande partie de sa figure. Sa maman avait beau la gronder, cela n'aboutissait à rien. — Il est vrai que l'enfant était si jeune, qu'on ne pouvait trop rien dire. — Il arrivait quelquefois qu'un petit chien, qu'elle affectionnait beaucoup et qu'on appelait *Bibi*, mangeait avec elle et la débarbouillait avec sa langue, en léchant les confitures qui laissaient de nombreuses traces sur la physionomie gaie de l'enfant, riant alors de tout son cœur et se roulant avec le chien qui ne demandait pas mieux que de jouer.

TABLE.

www.ingramcontent.com/pod-product-compliance
Lightning Source LLC
Chambersburg PA
CBHW060631100426
42744CB00008B/1588